RÉCIT

EXACT ET DÉTAILLÉ

DES ÉVÉNEMENTS QUI ONT EU LIEU A PARIS

pendant

LES 3 IMMORTELLES JOURNÉES

DES 22, 23 & 24 FÉVRIER 1848,

Narration

circonstanciée et puisée à des sources
authentiques, de toutes les luttes soutenues contre un pouvoir
liberticide, par la population héroïque de Paris.— Triomphe du peuple,
révolution qui renverse la royauté et proclame
la République Française !

LIBERTÉ ! ÉGALITÉ ! FRATERNITÉ !

PAR ALEXIS VILLAIN.

Édité par Laroche - Jacob.

SEDAN

Imprimerie de Laroche–Jacob, libraire-éditeur, rue Napoléon, 22.

IMMORTELLES JOURNÉES

DE FÉVRIER 1848.

RÉCIT.

Une royauté, née des barricades de juillet 1830, avait oublié et sa noble origine et les serments de l'observation desquels dépendait sa conservation. Napoléon, dont la voix fut plus d'une fois prophétique, avait dit, en parlant des Bourbons : *Ils n'ont rien appris, rien oublié!* Or, Louis-Philippe appartenait à cette race de Bourbons, dont les tendances fatales ont coûté tant de sang à la France; race maudite, imposée à notre pays par la force des baïonnettes étrangères et à laquelle n'ont pu servir les expériences de trois révolutions.

Le cadre resserré de cet opuscule ne nous permet pas d'entrer dans de plus longs développements sur ce sujet : nous allons essayer d'esquisser, le plus succinctement qu'il nous sera possible, cette révolution mémorable où le peuple a si bravement et si noblement reconquis ses droits et ses libertés ; cette lutte héroïque à l'issue de laquelle Paris qui s'était endormi monarchique s'est réveillé républicain! Tout en abrégeant, autant que faire se pourra, le récit de ces mémorables journées, nous n'omettrons aucun des faits importants, et tous ceux qui sont mentionnés ici ont été puisés à des sources authentiques et irrécusables. Redire tous les traits de courage et d'héroïsme qui ont signalé cette révolution, jusqu'alors sans exemple dans les fastes de l'histoire, serait une entreprise au-dessus de nos forces; car, lorsque le peuple se mêle de faire de l'histoire, il fournit, en quelques heures, la matière de plusieurs volumes. Impossible, dès lors, de tout dire, de tout raconter! Il ne nous reste donc qu'à admirer et à nous incliner devant la toute-puissance du peuple. *Vox populi, vox Dei!* Laissons parler les faits; ils en diront plus que la plume la plus éloquente! En conséquence, nous allons esquisser, aussi brièvement que possible, les évènements remarquables qui ont immortalisé les journées des 22, 23 et 24 février 1848. VIVE LA RÉPUBLIQUE.

Émanée du vœu populaire, la royauté de 1830 avait promis que la Charte serait désormais une vérité. Tel était, du moins, le programme de l'Hôtel-de-Ville, programme mensonger, s'il en fut jamais, et dont la violation ne devait pas se faire long-temps attendre. De longues cabales, de sourdes menées, profitant de l'explosion populaire de 1830, avaient amené Louis-Philippe à supplanter la branche des Bourbons. Possédé comme ses de-vanciers d'un désir effréné du pouvoir absolu, et, de plus qu'eux, d'une soif immodérée des richesses, le nouveau roi, fatigué de quelques mois d'une popularité forcée, de poignées de main qui, du reste, ne coûtaient rien à son trésor, Louis-Philippe ne tarda guère à aborder le système rétrograde. Elu par une frac-tion minime de la chambre élective, il songea, tout d'abord, à se mettre en garde contre le peuple de Paris qui lui avait fait le trône vacant. Il demeura ingrat en présence d'un aussi grand ser-vice, les mesures réactionnaires s'étendirent sur toute la France. La presse, qui devait être libre, fut bâillonnée; le gouvernement, *à bon marché*, doubla la charge des impôts; partout, dans l'ar-mée, dans les administrations, la faveur fut substituée au mé-rite. Les charges, devenues vénales, furent une source de ri-chesses pour des ministres corrupteurs et des députés corrom-pus, *conservateurs-bornes,* satisfaits de tout, et qui le seraient sans doute encore des massacres de ces derniers jours, s'ils étaient restés sous la férule de *l'intègre* Guizot et de son *auguste* mai-tre. Une majorité impuissante se débattait en vain contre de pareils abus. La chambre composée d'une majorité bien pen-sante, Paris embastillé et la garnison bien endoctrinée, toutes ces précautions prises, en un mot, devaient venir facilement à bout des protestations de la minorité et des manifestations po-pulaires. Ainsi avait jugé, dans sa sagesse suprême, et aux vives acclamations de tous ses fidèles, *l'habile* roi dont nous venons de secouer l'ignoble joug.

Fatigué de la corruption et des abus incessants du pouvoir, le peuple demandait une réforme à grands cris. Dans ce but, des banquets patriotiques furent organisés et eurent lieu dans les principales villes de France. Ces belles réunions légales furent flétries par un vote obtenu des boules serviles du parlement. Un nouveau banquet, ayant pour but de protester contre une cen-sure aussi inique, devait avoir lieu à Paris. Le pouvoir, après l'avoir autorisé d'abord, s'apprêtait à l'empêcher, et, dans l'at-tente d'une résistance légitime de la part du peuple, il se pré-parait à tremper ses mains dans le sang généreux qu'il avait résolu de faire couler *ad majorem tyranni gloriam.* Ces calculs liberticides et sanguinaires ont été complètement déjoués, ainsi que le prouve la suite de ce récit.

Fatigué de dix-sept années de tyrannie, et fort de ses droits imprescriptibles, le peuple sut opposer la force à la violence, une juste résistance à une injustice oppressive !

Évènements du 22 février. — Laissons maintenant parler les faits, et voyons d'abord qu'elles avaient été les précautions prises par le pouvoir pour empêcher la manifestation populaire qui devait avoir lieu le 22 février 1848. Le 22 février, dès *une heure du matin*, des canons et caissons d'artillerie commençaient à circuler sur les boulevarts et aux Champs-Elysées : 22 pièces de canons étaient braquées sur la place de la Concorde ! 80 mille hommes de troupes de toutes armes, arrivées successivement, bivouaquaient aux Champs-Elysées, sur les boulevarts et à la Bastille ! Le jour a paru : un ordre du jour défend aux gardes nationaux de s'assembler en costume; un arrêté de police interdit le banquet.

De leur côté, les députés de l'opposition, désirant empêcher une lutte sanglante entre le peuple et la force armée, déclarent l'ajournement du banquet et la mise en accusation du ministère !

Des rassemblements se manifestent sur plusieurs points de la capitale; des groupes immenses stationnent sur les places du Panthéon et de la Madeleine. Les fabriques et les ateliers sont abandonnés. Des masses d'ouvriers, arrivant des faubourgs, débouchent par les rues Saint-Antoine, du Temple, Saint-Martin, Saint-Denis, et se précipitent, par les boulevarts, vers les Champs-Elysées. Arrivées à la hauteur du ministère des affaires étrangères, ces masses font entendre les cris répétés de : *A bas Guizot ! vive la réforme !*

Vers *huit heures*, les boutiques étaient restées fermées ; des troupes stationnaient sur les boulevarts, les rues Saint-Denis et Saint-Martin.

A *dix heures*, deux mille étudiants se portaient vers la Madeleine, en criant *à bas Guizot ! vive la réforme!* et en chantant *la Marseillaise, le Chant du Départ* et *le Chœur des Girondins*.

A *onze heures* a eu lieu la première charge de cavalerie, exécutée par la garde municipale. Le rassemblement se dissipe et vient se reformer devant la Chambre des Députés, dont les balustrades sont forcées malgré la résistance d'un escadron stationné sur la place de la Concorde, qui est occupée militairement. Des gardes nationaux en uniforme parcourent les groupes, sans parvenir à les calmer.

A *midi*, le ministère des affaires étrangères, protégé déjà par des forces considérables, est renforcé d'un escadron de dragons. Des charges réitérées sont impuissantes à rompre la masse du peuple qui va toujours en augmentant, depuis la Madeleine jusqu'à la Bastille. Des pierres sont lancées sur la garde municipale, qui a déjà tué ou blessé plusieurs personnes, et dont la contenance aggressive et insolente contraste avec l'attitude digne et grave de la troupe de Ligne, que le peuple salue des cris : *Vive la Ligne! vive les Dragons!*

Une députation d'étudiants se présente à l'entrée du pont de la Concorde. La Ligne croise la baïonnette, et reçoit l'ordre de faire feu. Quatre étudiants s'avancent et disent, en découvrant leur poitrine : « Si vous voulez tuer vos frères, tirez !.... » Les soldats relèvent leurs armes, saluent et laissent passer..... Tandis que ces événements avaient lieu, que le sang coulait de toutes parts, que faisait la Chambre des Députés ? Elle discutait, froide et impassible, un projet de loi relatif à *la banque de Bordeaux!*...

M. Guizot assistait à la Chambre, d'un air riant et provocateur, lorsque M. Odilon Barrot dépose la demande de la mise en accusation du ministère. L'examen en est renvoyé au jeudi, 24.

A *trois heures*, des charges sont exécutées sur la place de la Concorde : un grand nombre de personnes sont précipitées dans les fossés.

Dans la soirée, l'émeute prend des dimensions plus colossales. Des barricades sont formées avec des pavés et des omnibus dans les rues Richelieu, Saint-Florentin, Saint-Honoré, Neuve-Saint-Roch, etc. De nombreuses arrestations ont lieu.

A *cinq heures*, le rappel de la garde nationale, battu dans plusieurs quartiers, avait rassemblé peu de monde. La répugnance était également manifeste du côté de la Ligne.

Une barricade, établie rue Saint-Louis et défendue par plus de deux mille hommes, est enlevée à coups de canon !

A *minuit*, un peu de calme se rétablit. Les troupes sont campées aux halles et sur les boulevarts, munies de tous les outils de campement.

Evénements du 23 février. — Dans la nuit du 22 au 23, on a vu se rétablir, comme par enchantement, les barricades détruites la veille, et sans que la Ligne y mette le moindre empêchement; de nouvelles barricades s'établissent dans les quartiers Saint-Martin et Saint-Denis. Une ordonnance royale de ce jour nomme le maréchal Bugeaud commandant en chef des gardes nationales de la Seine et des troupes de Ligne de la 1re division. Le duc de Montpensier commande l'artillerie.

A *huit heures du matin*, deux pièces de canon sont placées, mèche allumée, à la Pointe-Sainte-Eustache; d'autres sont braquées sur les places de Grève, de la Bastille, les halles, les rues Saint-Denis, Saint-Martin, etc.

Des milliers d'hommes semblent sortir de terre pour combattre ces terribles préparatifs ! Plusieurs parcourent les maisons et se font remettre les armes disponibles. Ainsi armée, l'insurrection recommence le feu avec plus de vivacité. Le pouvoir commence à trembler de la froideur des troupes de ligne : il n'est soutenu que par la garde municipale et les chasseurs d'Orléans, qui se battent d'une manière franchement brutale !...

Le rappel de la garde nationale bat sur tous les points.

A *dix heures*, le poste de la rue Mauconseil est enlevé et brulé.

Nous avons omis de dire que le 22, à neuf heures du soir, le roi avait passé une revue, aux flambeaux, des troupes stationnées au Carrousel.

A *dix heures*, toutes les rues sont dépavées et garnies de barricades imprenables, même avec du canon ! C'est à ce moment que circule le bruit vague et incertain d'un changement de ministère.

La place des Victoires est garnie de deux pièces de canon soutenues par 2,000 hommes.

A *onze heuves*, le nombre des barricades augmente. On en compte par centaines dans les rues Poissonnière, Bourbon-Villeneuve, de Cléry, Neuve-Sainte-Eustache, du Petit-Carreau, du Cadran, Saint-Sauveur, Montorgueil, Montmartre, Saint-Denis, Saint-Martin, du Temple, Saint-Louis, etc. Ces barricades, attaquées par la municipale et les chasseurs d'Orléans, sont défendues avec courage par le peuple. Au coin des rues Tiquetonne et Montorgueil, une barricade est, par deux fois, détruite et rétablie.

Partout, la garde nationale déclare à ses colonels qu'elle ne s'est pas armée pour combattre le peuple.

Les engagements sont repris dans tous les quartiers du centre ; la garde nationale intervient et rétablit l'ordre et la paix, La garde municipale remplit avec ardeur sa terrible mission !... Le poste de la rue Maubuée est enlevé et ses débris forment une barricade.

A *deux heures*, les colonels des douze légions envoient prévenir le roi qu'ils ne répondent plus de rien, si l'on ne fait des concessions immédiates. Pendant ce temps, M. Guizot, sommé à la Chambre des Députés de rendre compte des raisons qui l'ont empêché d'appeler la garde nationale sous les armes dès le mardi, élude la question et se contente de dire que M. Molé est en conférence avec le roi pour la formation d'un nouveau ministère. M. Crémieux veut réclamer la mise en accusation des ministres ; sa voix est étouffée par les cris des centres *satisfaits* !

Vers *quatre heures*, le bruit court que MM. Thiers et O. Barrot sont nommés ministres. Les fusillades cessent presque partout. Le peuple, la garde nationale et la Ligne fraternisent ; les chants patriotiques et les cris de *Vive la réforme !* retentissent de toutes parts ; les fenêtres s'illuminent : tout le monde est dans la joie !

Onze heures du soir. La foule grossit devant l'hôtel des Capucines, et fait entendre les chants nationaux... Mais soudain, le tableau change !.. La monarchie, qui se croyait sauvée, va se trouver perdue, tant est faible le fil auquel Dieu suspend les trônes !...

Un coup de fusil, tiré du jardin des Affaires étrangères, fait croire à l'officier qui commande le bataillon du 14me de Ligne, placé à la porte du ministère, qu'on vient de commencer l'attaque ; il ordonne le feu, sans sommation, sans aucune formalité légale, et une décharge à bout portant est dirigée contre la masse confiante et désarmée.

Cinquante-deux personnes tombent mortes ou blessées !.. Un cri, un long cri d'horreur et de vengeance part du sein du peuple et se répète de proche en proche !

La foule se dissipe en groupes divers ; les uns restent pour relever les morts et porter les blessés ; les autres refluent, avec des clameurs de rage, jusqu'au boulevart des Italiens ; quelques uns, enfin, revenant aux quartiers qu'ils habitent, y apportent ce récit affreux et sèment partout la colère et le désir de vengeance dont ils sont animés.

Un tombereau, chargé de cadavres, arrive au *National*. Ce tombereau, éclairé par des torches, est entouré d'hommes du peuple dont l'indignation étouffe les larmes et qui, découvrant les blessures saignantes, montrant ces corps encore chauds du feu des balles, criaient avec une sombre fureur : *Ce sont des assassins qui les ont frappés! nous les vengerons! des armes! des armes!*

Et les torches jetant tour-à-tour leurs lueurs funéraires sur le tombereau et sur le peuple, faisant saillir au milieu des demi-ténèbres ces figures pâles, irritées et sanglantes, ajoutent encore à l'horreur de la situation et du tableau !

Dans un discours plein d'éloquence, d'âme et de verve généreuse, M. Garnier-Pagès ranime le peuple et lui promet la vengeance.

Le convoi reprend, à travers les rues, sa marche lente et lugubre. La ville tout entière se soulève, le peuple court reprendre ses barricades et les relever ; des hommes, restés jusques là simples spectateurs de la lutte, s'émeuvent et s'arment enfin ; chaque maison se transforme en manufacture de cartouches et en fonderie de balles ; les chefs de poste, le pistolet au poing, forcent les pharmaciens à leur fabriquer, sur l'heure, de la *poudre-coton*, dont ils ont besoin pour leurs compagnies ; chaque garde national n'ayant reçu au plus que deux cartouches.

A minuit, presque toutes les barricades sont emportées ; la garde municipale lâche pied partout, après des combats opiniâtres et sanglants ; la ligne campe sur les boulevarts, dans les carrefours, et reste immobile.

Le tocsin sonne à toutes les églises de Paris et les cloches mêlent leurs voix vibrantes et lugubres au bruit incessant de la fusillade et du canon !

Evènements du 24 Février.

Les sinistres évènements de la veille ont doublé l'activité et l'énergie populaire. A partir de *une heure* du matin, le reste de la nuit a été employé en préparatifs de défense. On a élevé les anciennes barricades et on en a construit de nouvelles. Le boulevart Italien perd, en un instant, sa double ceinture de jeunes arbres plantés en 1831. Des murailles de pavés se dressent dans toutes les rues environnantes, et, pour la première fois, les élégants quartiers de la Chaussée d'Antin, St-Georges, de la Boule-Rouge, Bréda, etc. sont barrés par le peuple en courroux.

Au moment où Paris s'éveille avec l'aube du 24 février, c'est un triste, un lamentable spectacle à contempler que celui de ces boulevarts, la veille, si brillants, si riches, si ornés, avec leurs arbres, leurs colonnes, leurs candélabres ! maintenant, tristes, désolés, sillonnés de barricades ! celles de la rue Montmartre dépassent de beaucoup la hauteur du premier étage et ont été armées des canons pris pendant la nuit.

Les quelques heures écoulées depuis l'épouvantable événement de l'Hôtel des Capucins avaient suffi pour accomplir la révolution commencée qui, près de s'éteindre, s'était animée subitement sous l'impression de cet horrible massacre !

Dès *six heures du matin*, quelques feux de peloton s'engagent dans les environs des portes St-Denis et St-Martin, et annoncent que les insurgés sont déjà sur pied. A la suite de ces engagements, l'infanterie et la cavalerie se replient sur les casernes qui sont enlevées d'emblée et restent au pouvoir des insurgés. Il s'établit partout des postes composés de gardes nationaux et d'hommes du peuple armés.

Vers *onze heures*, les portes de la prison pour dettes sont envahies et brisées par un rassemblement de 5 à 600 personnes; les détenus sont mis en liberté, et vont prendre place dans les rangs du peuple où ils trouvent l'occasion de se signaler en combattant avec leurs frères, en maintenant l'ordre et en s'opposant au pillage. Aucun des administrateurs de Clichy n'avait été insulté. A peu près à cette même heure, une proclamation donne l'ordre de cesser le feu, en annonçant que MM. Odilon-Barrot et Thiers sont chargés de former un ministère dont feront partie MM. Lamoricière et Duvergier de Hauranne; la dissolution de la chambre des députés est promise.

Cette concession qui, quelques heures plus tôt, eût pu être facilement accueillie et empêcher l'effusion du sang, est maintenant impuissante à satisfaire le juste désir de vengeance qu'a fait naître l'horrible exécution du ministère des affaires étrangères.

A l'annonce de la proclamation : *Il est trop tard!* s'écrie le peuple d'une voix unanime, et l'attaque se continue plus animée et plus intrépide que jamais !

Vers *midi*, le général Sébastiani, poursuivi sur le quai Malaquais, est obligé de chercher un refuge précipité dans une maison particulière. Partout, la Révolution marche et grandit. Le peuple et les gardes nationaux enlèvent de force, sur les boulevarts des pièces et des caissons; des cartouches sont distribuées aux combattants.

Sur tous les points, les troupes de ligne fraternisent avec le peuple.

À *midi et demi*, un rassemblement composé d'une centaine d'hommes, environ, se porte devant le Château-d'Eau, place du Palais-Royal, dont le poste est occupé par une compagnie du 14ᵉ.

Sommée de rendre les armes, la troupe de ligne refuse ; la masse du peuple va peu à peu en augmentant ; à de nombreuses supplications le 14ᵉ oppose un refus persistant. A défaut de la persuasion demeurée impuissante, il faut recourir à la force des armes ; la lutte s'engage.

Pendant deux heures, le peuple essuie avec un courage héroïque le feu du corps-de-garde et y riposte des fenêtres voisines dont il s'est emparé. Un détachement de la 3ᵐᵒ légion envoyé sur le théâtre du combat, rencontre un cadavre sanglant et mutilé, déchiré par les balles d'une manière horrible ! Un cri d'indignation part des rangs ! quelques gardes nationaux trempent leurs mouchoirs blancs dans le sang et attachent ces tristes trophées à leurs bayonnettes, en criant : *Vengeance* et *vive la République* ! Au moment où avait lieu cette lutte acharnée, on fit circuler une nouvelle proclamation annonçant l'abdication du roi en faveur du comte de Paris, sous la régence de la duchesse d'Orléans ; une amnistie générale ; la dissolution de la Chambre des Députés ; un appel au pays. Cette nouvelle concession, trop tardive encore, ne suffisait déjà plus ! Le combat de la place du Palais-Royal continue. Le peuple soutenu de plusieurs compagnies de garde nationale, emporte le poste d'assaut et y met le feu. Le peuple enfonce les portes du Palais-Royal qu'il parcourt et dévaste. Les meubles, les tentures, les carrosses de la Cour sont empilés sur la place et servent d'aliment à un immense feu de joie.

Mais bientôt, les cris *aux Tuileries ! aux Tuileries !* se sont fait entendre. Des flots de peuple et de gardes nationaux se précipitent vers le Carrousel. Les Tuileries cèdent sans presqu'aucune résistance, et lorsque le peuple est maître du Palais, Louis-Philippe l'a déjà quitté, fuyant honteusement devant ce peuple dont il a tenté d'être, tout à la fois, la sangsue et le tyran !

Il est sorti des Tuileries, comme il y était entré, il y a près de 18 ans, par surprise et en se cachant !

Dans le premier moment d'exaltation, la foule brise les glaces et les lustres, déchire les tableaux, tire des coups de fusil au portrait du roi et à celui du maréchal Soult, déchire les draperies de velours, et se fabrique avec leurs lambeaux de sanglants étendards.

Le linge est jeté par les fenêtres sur la place du Carrousel, et livré aux flammes. On pille, mais pour détruire, non pour s'approprier, car trois voleurs, pris en flagrant délit, sont fusillés et leurs cadavres sont ignominieusement jetés dans la Seine !

Le carillon des Tuileries sonne à toute volée ; le drapeau rouge est arboré sur le pavillon de l'Horloge; des danses populaires sont exécutées sur la plate-forme de ce même pavillon. Ces démonstrations désordonnées font bientôt place à l'ordre le plus parfait, rétabli sans aucune opposition par les élèves de l'École Polytechnique, qui placent des sentinelles et font garder toutes les issues. La conduite admirable de cette École arrête l'œuvre de destruction.

Le bruit se répand dans les masses que la duchesse d'Orléans fait proclamer son fils à la Chambre des Députés. Le peuple, dont l'œuvre n'est pas achevée, se porte vers ce point, en criant : *Vive la République!* Or, voici ce qui se passait à la Chambre des Députés :

M. Dupin vient proclamer l'abdication du roi, la régence de la duchesse d'Orléans et l'avènement du comte de Paris.

A ce moment, la duchesse d'Orléans, vêtue de noir, entre avec ses enfants au milieu d'une agitation générale.

Mais à peine le président, M. Sauzet, a-t-il essayé de reprendre la proposition de M. Dupin, que l'agitation redouble; des cris se font entendre; les députés se lèvent en masse, et la duchesse et ses enfants sont quelque temps ballotés dans les flots qui grondent au pied de la tribune. Elle est protégée par des gardes nationaux, qui soutiennent une sorte de lutte contre les députés.

Engagée à se retirer, la princesse trouve une porte fermée et vient se rasseoir sur le banc supérieur du centre gauche, ayant près d'elle le duc de Nemours.

MM. Lamartine, Marie, O. Barrot, essayent en vain de se faire entendre.

La nomination d'un gouvernement provisoire est réclamée par MM. Marie, Crémieux et de Genoude. M. O. Barrot poursuit son rôle de médiateur; mais, au moment où MM. Larochejacquelin et Ledru-Rollin réclament l'appel au peuple, le peuple et les gardes nationaux, arrivant de la prise des Tuileries, se précipitent dans la salle. Le tumulte augmente à chaque instant; le président quitte le fauteuil. Les cris de *vive la République!* se mêlent à ceux de *vive Lamartine!*

M. Ledru-Rollin demande, dans une chaleureuse allocution accueillie par les cris de *vive la République!* l'organisation d'un gouvernement provisoire. La vague populaire va toujours grossissant : le tumulte est à son comble!

On se hâte de faire sortir la duchesse d'Orléans et ses enfants sous la protection de la garde nationale. Le duc de Nemours, après s'être vu arracher ses épaulettes et son chapeau, parvient à s'échapper par une fenêtre, à la faveur d'un habit bourgeois.

M. Dupont (de l'Eure) prend la place de président. On veut proclamer les noms des membres proposés pour le gouvernement provisoire; mais l'agitation augmente, le tumulte est à son comble : la tribune est envahie tour à tour par le peuple et par les gardes nationaux.

Au milieu du tumulte, on parvient à faire entendre les noms des membres du gouvernement provisoire, qui sont MM. *Dupont (de l'Eure), Lamartine, Ledru-Rollin, Crémieux, Arago.*

MM. Thiers et O. Barrot sont repoussés.

Le tumulte continue encore quelque temps; puis on entend ces cris : *A l'Hôtel-de-Ville, pour installer le gouvernement provisoire!* Un ouvrier à la tribune : *Respect aux monuments, respect à la propriété! Montrons que nous sommes ce que nous étions en Juillet! Respect à la propriété !* On répond à cette allocution par les cris unanimes de : *Très bien! Vive la liberté ! vive la République !*

Le peuple sort et s'éloigne en tumulte, en faisant entendre des chants patriotiques.

La duchesse d'Orléans était en fuite au moment où une députation de la Chambre des Pairs venait au devant d'elle.

Au premier bruit de l'attaque des Tuileries, le roi et la reine se sont échappés par le chemin souterrain de la terrasse du bord de l'eau, et arrivent à la petite porte du côté de la place de la Concorde, à quelques pas de l'endroit où fut placé l'échafaud de Louis XVI..... La reine a le regard animé : le roi est pâle, mais calme. Une petite voiture est là : la reine y monte au milieu d'un groupe de peuple et de gardes nationaux. Quelques murmures se font entendre. Louis Philippe veut parler; sa voix est étouffée par les cris.

« *Respect au malheur!* s'écrie un ouvrier, et ce cri répété vient, comme une cruelle leçon, frapper l'oreille du fils de Philippe Egalité, de Louis Philippe qui, lui non plus, n'a pas toujours respecté le malheur des autres!..

La voiture, suivie d'une escorte de cavalerie, prend au galop la route de Saint-Cloud. Un coup de fusil est tiré sur la voiture du côté du quai des Champs-Elysées. C'est la suprême et dernière malédiction de ce peuple généreux qui l'a fait roi!....

Le duc de Montpensier suivait de près la voiture qui emportait le roi. « Vous allez vous faire tuer ! lui dit M. Crémieux.

— On peut me tuer, répond le prince; mais je ne quitterai pas mon uniforme, et mon épée ne sortira pas du fourreau ! »

C'est à grande peine aussi, comme on l'a vu plus haut, que le duc de Nemours, la duchesse d'Orléans et ses enfants, se sont échappés de la Chambre, grâce à la générosité du peuple et à l'attitude ferme de la garde nationale.

Resté vingt-cinq minutes à peine à St-Cloud, Louis-Philippe a pris aussitôt la route d'Eu et s'est embarqué au Tréport, sur le bâtiment *le Furet,* qui l'a débarqué à Douvres.

Que la terre étrangère lui soit douce et plus légère que celle que son entêtement vient de tremper du sang généreux de nos braves Français tués ou blessés, à la nouvelle conquête de nos impérissables libertés !   VIVE LA RÉPUBLIQUE!

Pendant que la royauté s'enfuyait et que s'accomplissait le triomphe de la souveraineté populaire, le gouvernement provisoire achevait de s'organiser. Il était urgent de s'emparer du pouvoir, ne fût-ce que pour punir les désordres de l'anarchie.

Des mesures rapides avaient été prises : le gouvernement provisoire est proclamé. M. Lamartine, notre grand poète, porté en triomphe à l'Hôtel-de-Ville, reçoit les députations des Faubourgs, des Ecoles, du peuple et de la garde nationale. La parole puissante du poète, se multipliait, attendrissait et rassurait les masses. Et, en effet, la situation était menaçante et terrible!

Le drapeau rouge avait été arboré partout. Il flottait au milieu de la foule qui grondait sur la place de Grève. Le pillage était imminent dans la cité. Des exhortations fermes et pathétiques, tout à la fois, imposèrent l'ordre et le calme aux masses soulevées, aux flots du peuple courroucé.

Gloire et honneur à M. de Lamartine!

A *cinq heures du soir*, tous les membres du gouvernement provisoire étant réunis à l'Hôtel-de-Ville, la *République Française* est proclamée, en présence d'une foule immense, accourue de tous les points de la Capitale, pour connaître les premiers actes de son gouvernement.

Aussitôt, des proclamations sont affichées dans tout Paris, pour appeler les citoyens au maintien de l'ordre. Il est pourvu à la nomination des ministres provisoires. La Chambre des Députés est dissoute : il est interdit à la Chambre des Pairs de se réunir. De prochaines élections nationales sont annoncées. Des arrêtés urgents de police, sont pris et exécutés. Des chefs sont désignés pour la garde nationale et l'armée. Enfin (et chose bien remarquable dans un tel moment et au milieu des terribles conflits qui viennent d'avoir lieu), les beaux-arts ne sont point oubliés, et une ordonnance est rendue pour l'exposition prochaine... Admirable peuple! admirable révolution!

Nous avons cherché à résumer aussi succinctement qu'il nous a été possible les œuvres colossales, entreprises et exécutées en une seule journée, en quelques heures, sous la fusillade et le fer des baïonnettes, au milieu des cris et des dissentiments d'une multitude armée.

Cette journée a été également grande et pour les héroïques combattants, défenseurs de nos libertés menacées, et pour ceux qui, après le combat, ont rétabli l'ordre, la sécurité publique, et proclamé l'ère de notre nouvelle liberté.

A nous donc maintenant, Citoyens, de protéger contre tous excès, et de maintenir intacte et pure cette précieuse liberté, scellée d'un sang si généreux! A nous tous, Français, appartient la noble mission de maintenir et consolider cette souveraineté du peuple, si souvent discutée et si souvent reconquise sur les empiétements de la tyrannie! A cette devise : *Union et Force,* joignons celle de *Liberté, Egalité et Fraternité!* Trente-quatre millions de Français, réunis dans un seul désir, une seule volonté, soutiendront l'œuvre si courageusement entreprise, si généreusement achevée par leurs frères de Paris! Partout union, paix et concorde, et nul n'osera attaquer la France, en présence de l'accord unanime qui a salué le nouvel avènement de la *République Française, Une et Indivisible!*

Trois jours avaient élevé le trône de 1830; trois jours l'ont détruit. Il en a été pour Louis Philippe comme pour Charles X : changement de ministère, abdication en faveur de son petit-fils, déchéance!.. Seulement, le gouvernement bâtard sorti des barricades de Juillet n'a pas même eu la gloire de se défendre, et sa fuite a été une honte! Il ne laisse derrière lui ni regrets, ni sympathie. A moins, cependant, qu'il ne soit regretté par ces loups-cerviers du budget, fonctionnaires insatiables, puisant largement au trésor, se montrant toujours contents d'un gouvernement rapace et absolu au-dedans, vil et rampant vis-à-vis l'Etranger; par ces députés, enfin, centres ventrus, se déclarant satisfaits de tout, et qui, peut-être, le sont encore de la chute du tyran Harpagon, chute à laquelle ils ont contribué d'une manière si efficace! Déjà un grand nombre de ces vautours de budgets assiège le nouveau gouvernement pour obtenir part à une nouvelle curée. Espérons que la sagesse de nos représentants saura faire justice de ces indignes prétentions! Mais revenons à notre sujet.

Les divers membres de la famille royale et quelques ministres ont réussi à gagner individuellement le sol anglais.

La République a été proclamée et accueillie sur tous les points de la France avec le plus vif enthousiasme. Partout, les gardes nationales se réorganisent et sont animées du meilleur esprit. Le commerce, ébranlé un instant par une secousse aussi violente qu'inattendue, commence à renaître; les magasins sont rouverts, les transactions ont repris leur cours. Des ateliers publics sont établis pour assurer du travail aux ouvriers qui sont maintenant sans ouvrage.

Non, la République de 1848 n'est pas celle de 1793. Elle saura rester pure de tous les excès qui ont épouvanté nos pères, et qui, cependant, n'étaient que la conséquence inévitable d'une émancipation longtemps désirée et violemment conquise. Voyez la révolution à laquelle nous venons d'assister. Ecoutez les chants du peuple : leurs refrains sont des mots de clémence ou de pardon. Regardez : les églises sont ouvertes; on y prie pour les morts d'hier; le prêtre, au milieu de l'émeute, traversait sans crainte les barricades; aujourd'hui sa voix s'élève pour bénir la France et appeler sur elle la bénédiction divine. Point de massacres, point de cris de vengeance ou de guerre, et, au lieu d'une loi de suspects, lisez : voilà que l'on proclame l'abolition de la peine de mort; voilà que le pays suspend l'exécution des jugements pour avoir le temps de faire grâce!

Vous tous que le mot de République a pu effrayer un instant, juger et comparez! L'instruction qui commence à se répandre dans les masses, et que le gouvernement va travailler encore à propager, a, en adoucissant les mœurs, rendu impossibles ces scènes de proscription, de meurtre et de carnage qui ont ensanglanté les pages de notre première révolution. Réunissons-nous donc tous dans cette œuvre sublime de paix, d'ordre et de grandeur nationale qui vient d'être si intrépidement entreprise et si héroïquement accomplie!

Nous tous, citoyens et soldats, serrons-nous autour de nos drapeaux, et regardons vers le nord si l'ennemi ne vient pas! Nous tous, enfin, évitons de nous fractionner en partis, ; soyons unis sous un règne d'égalité, de liberté et de fraternité; gardons-nous des dissensions; n'oublions pas le passé; fortifions le présent et préparons l'avenir!

Voici le texte de la proclamation adressée par le gouvernement provisoire au peuple français :

« Un gouvernement rétrograde et oligarchique vient d'être renversé par l'héroïsme du peuple de Paris. Ce gouvernement s'est enfui en laissant derrière lui une trace de sang qui lui défend de revenir jamais sur ses pas.

» Le sang du peuple a coulé comme en juillet; mais cette fois ce généreux sang ne sera pas trompé. Il a conquis un gouvernement national et populaire, en rapport avec les droits, les progrès et la volonté de ce grand et généreux peuple !

» Un gouvernement provisoire, sorti d'acclamation et d'urgence par la voix du peuple et des députés des départements, dans la séance du 24 février, est investi momentanément du soin d'assurer et d'organiser la victoire nationale. Il est composé des citoyens Dupont (de l'Eure), Lamartine, Crémieux, Arago (de l'Institut), Ledru-Rollin, Garnier-Pagès, Marie. Ce gouvernement a pour secrétaires les citoyens Armand Marrast, Louis Blanc, Ferdinand Flocon, et Albert ouvrier. Voici maintenant la composition du ministère : les citoyens Dupont (de l'Eure) président sans porte-feuille; Lamartine, aux affaires étrangères; Crémieux, à la justice; Ledru-Rollin, à l'intérieur; Michel Goudchaux, aux finances; F. Arago, à la marine; Subervic, à la guerre; Carnot, à l'instruction publique; Bethmont, au commerce; Marie, aux travaux publics; le général Cavaignac, gouverneur-général de l'Algérie; Garnier-Pagès, maire de Paris; Guignard et Recurt, adjoints. »

COMPLAINTE

SUR LA MORT DU GOUVERNEMENT DÉCHU.

Air : *Un jour maître corbeau, etc. etc.*

Ecoutez ma complainte : j'vais vous dire un p'tit
[mot,
Sur la chût' de Philippe et d' son ami Guizot
Le peupl' fatigué d'eux, a su les déplanter ;
C'est donc un *Te-Deum* qu'il faut ici chanter.
      Sur l'air du tra la la la (bis)
    Sur l'air du tra de ri de ra tra la la.

L'harpagon Louis-Philipp', soyez-en convaincus.
N'a jamais rien aimé, si ce n'est les écus.
Il en a tant grippé, qu'à force d'entasser
Il a crevé le sac et vient de s'fair' chasser.
      Sur l'air, etc.

Faut-il dans ces couplets vous parler maintenant.
De ce fameux Guizot, le transfuge de Gand?
Hœmm' de tous les pays, excepté bon Français,
Qu'on vient de fair' filer vers l'île des Anglais.
      Sur l'air, etc.

Dans c'gouvernement-là, y avait-il rien d'tel,
Que le papa Hébert et le Gros Duchâtel ?
Cunin. Jayr et Dumont, enfin, Montébello?
Voilà toute la boutique emportée à vau-l'eau.
      Sur l'air, etc.

Dans l'armée, dans les plac's et pour les élections,
Que de sal's tripotages ! et que de corruptions!
Il était temps, ma foi, de purger cet égoût;
Le peuple, en quelques heur's en est venu à bout.
      Sur l'air, etc.

Pour chasser ce pouvoir, dur, rapace, inhumain,
Comm' le peuple et l'armée se sont donnés la main!
Dans un accord touchant, on a vu tous les cœurs,
Battre pour le pays, le chanter dans des chœurs.
      Sur l'air, etc.

Aux pouvoirs absolus, de cruelle façon,
On vient d'administrer un' nouvelle leçon,
Dont la moralité est : que toujours en vain,
On voudra faire aller le peuple souverain.
    Sur l'air, etc.

LA SEDANAISE.

Air de la Carmagnole.

Refrain : Vive la République !
    Vive Sedan !
    Vive Sedan !
    Vive la République !
Vive Sedan, et ses enfants !

Après mainte et mainte folie (bis),
La royauté est démolie (bis):
    Le peuple est souverain ;
    Chantons donc ce refrain : Vive, etc.

Louis Philippe s'était vanté (bis)
Qu'la Charte s'rait un' vérité (bis) ;
    Il a fait voir comment
    Il tenait un serment. Vive, etc.

Pour conduire son berlingot (bis),
Louis Ph'lippe avait choisi Guizot (bis) ;
    On a fait dénicher
    Le maître et le cocher. Vive, etc.

Il nous eût pris, s'il eût vécu (bis),
Jusqu'à notre dernier écu (bis) ;
    Mais, l'boursicot fermé,
    Philippe est dégommé. Vive, etc.

Philippe en voulait tout autant (bis)
Aux libertés qu'à notre argent (bis).
    Faut-il, pour un banquet,
    Qu'il ait eu son paquet ! Vive, etc.

Il comptait bien qu'dans ces débats (bis),
Il s'rait sout'nu par les soldats (bis) :

Il s'était bien trompé,
Car le v'là décampé! Vive, etc.

Louis-Philippe ne pensait guère (bis)
Aller sitôt en Angleterre (bis) :
  Qu'il y vive désormais,
  Et n'en revienne jamais! Vive, etc.

Pour l'consoler, il a Guizot (bis),
L'transfuge, son fidèle suppôt (bis).
  Dans l'île britannique,
  Ils f'ront d'la politique. Vive, etc.

Je n'sais si l'on a bien cherché (bis),
Mais l'ministère est bien caché (bis).
  Qu'il reste dans son coin :
  Vaux mieux qu'il soit bien loin! Vive, etc.

Français, vive la liberté! (bis)
Vous savez c'que ça a coûté! (bis)
  D'un fraternel concours,
  Gardons-la pour toujours. Vive, etc.

Si l'ennemi osait jamais (bis)
Envahir le pays Français, (bis)
  La France serait là
  Pour lui dire : Halte-là! Vive, etc.

Sedanais, vive notre patrie! (bis)
Le commerce et notre industrie! (bis)
  Tout cela reprendra,
  Et l'bon temps reviendra! Vive, etc.

Imp. de Laroche-Jacob.

www.ingramcontent.com/pod-product-compliance
Lightning Source LLC
Chambersburg PA
CBHW061716050726
47598CB00004B/1873